Franz Brandlhuber

Deutsche Kraftstoffpreise

Abzocke oder angemessene Preisanpassung?

Bachelor + Master
Publishing

Brandlhuber, Franz: Deutsche Kraftstoffpreise. Abzocke oder angemessene Preisanpassung?, Hamburg, Diplomica Verlag GmbH 2012
Originaltitel der Abschlussarbeit: Oligopolistische Interaktion deutscher Kraftstoffanbieter: Marktmacht, Preissetzung und Konsequenzen

ISBN: 978-3-86341-380-4
Druck: Bachelor + Master Publishing, ein Imprint der Diplomica® Verlag GmbH, Hamburg, 2012
Zugl. Universität Augsburg, Augsburg, Deutschland, Bachelorarbeit, Januar 2012

Bibliografische Information der Deutschen Nationalbibliothek:
Die Deutsche Nationalbibliothek verzeichnet diese Publikation in der Deutschen Nationalbibliografie; detaillierte bibliografische Daten sind im Internet über http://dnb.d-nb.de abrufbar.

Die digitale Ausgabe (eBook-Ausgabe) dieses Titels trägt die ISBN 978-3-86341-880-9 und kann über den Handel oder den Verlag bezogen werden.

Dieses Werk ist urheberrechtlich geschützt. Die dadurch begründeten Rechte, insbesondere die der Übersetzung, des Nachdrucks, des Vortrags, der Entnahme von Abbildungen und Tabellen, der Funksendung, der Mikroverfilmung oder der Vervielfältigung auf anderen Wegen und der Speicherung in Datenverarbeitungsanlagen, bleiben, auch bei nur auszugsweiser Verwertung, vorbehalten. Eine Vervielfältigung dieses Werkes oder von Teilen dieses Werkes ist auch im Einzelfall nur in den Grenzen der gesetzlichen Bestimmungen des Urheberrechtsgesetzes der Bundesrepublik Deutschland in der jeweils geltenden Fassung zulässig. Sie ist grundsätzlich vergütungspflichtig. Zuwiderhandlungen unterliegen den Strafbestimmungen des Urheberrechtes.

Die Wiedergabe von Gebrauchsnamen, Handelsnamen, Warenbezeichnungen usw. in diesem Werk berechtigt auch ohne besondere Kennzeichnung nicht zu der Annahme, dass solche Namen im Sinne der Warenzeichen- und Markenschutz-Gesetzgebung als frei zu betrachten wären und daher von jedermann benutzt werden dürften.

Die Informationen in diesem Werk wurden mit Sorgfalt erarbeitet. Dennoch können Fehler nicht vollständig ausgeschlossen werden, und die Diplomarbeiten Agentur, die Autoren oder Übersetzer übernehmen keine juristische Verantwortung oder irgendeine Haftung für evtl. verbliebene fehlerhafte Angaben und deren Folgen.

© Bachelor + Master Publishing, ein Imprint der Diplomica® Verlag GmbH
http://www.diplom.de, Hamburg 2012
Printed in Germany

Inhaltsverzeichnis

Abkürzungsverzeichnis

Abbildungsverzeichnis

1. Oligopolistische Struktur auf dem deutschen Tankstellenmarkt 1
2. Qualitative Analyse: Oligopol aus kartellrechtlicher Sicht 2
   - 2.1 Kennzeichen oligopolistischer Marktstrukturen 3
     - 2.1.1 Marktmacht deutscher Kraftstoffanbieter 3
     - 2.1.2 Asymmetrische Markttransparenz 5
     - 2.1.3 Marktzutrittsschranken 6
     - 2.1.4 Produkthomogenität im Kraftstoffmarkt 7
     - 2.1.5 Produkt- und markenspezifische Preiselastizität der Nachfrage 8
     - 2.1.6 Verflechtungen der Oligopolisten 9
     - 2.1.7 Fehlende Marktmacht der Nachfrager 11
   - 2.2 Preissetzungsverhalten der Kraftstoffanbieter 12
   - 2.3 Modell der Edgeworth-Zyklen: Beobachtungsparameter Kraftstoffpreis ... 16
   - 2.4 Stabilität der Kollusion durch Bestrafungsmechanismen 20
     - 2.4.1 Untereinstandspreisverkäufe 20
     - 2.4.2 Preisscherenverkäufe 21
3. Ökonomische Konsequenzen der Wettbewerbssituation 22
   - 3.1 Konsequenzen der interdependenten Preisentscheidungen der Oligopolisten ... 22
   - 3.2 Partialmarktanalyse im Kraftstoffmarkt 24
4. Wettbewerbspolitische und kartellrechtliche Eingriffsmöglichkeiten 26
   - 4.1 Horizontale und vertikale Entflechtung 26
   - 4.2 Preisregulierung 28
     - 4.2.1 Das Österreichische Modell der Preisregulierung 29
     - 4.2.2 Das West-Australische Modell 30
     - 4.2.3 Übertragbarkeit der Modelle auf Deutschland 30

5. Zusammenfassung 31

Gesetzesverzeichnis 32

Literaturverzeichnis 33

Verzeichnis der Internetquellen..36

Abkürzungsverzeichnis

Abb.	Abbildung
Abschn.	Abschnitt
AEUV	Vertrag über die Arbeitsweise der Europäischen Union
BGB	Bürgerliches Gesetzbuch
bzgl.	bezüglich
bzw.	beziehungsweise
BGBl.	Bundesgesetzblatt
DK	Durchschnittskosten
DWL	Deadweight loss
EID	Energieinformationsdienste
GWB	Gesetz gegen Wettbewerbsbeschränkung
HHI	Herfindahl-Hirschmann-Index
KR	Konsumentenrente
MC	Marginal Costs/ Grenzkosten
PR	Produzentenrente
z.B.	zum Beispiel
zzgl.	zuzüglich

Abbildungsverzeichnis

Abbildung 1: Marktstufen im Mineralölhandel

Abbildung 2: Häufigkeitsverteilung der Anzahl der angegebenen Wettbewerbstankstellen

Abbildung 3: Beispiel einer Preiserhöhungsrunde durch den Initiator Aral

Abbildung 4: Zyklische Preisentwicklung im Ursprungsmodell von Maskin/ Tirole

Abbildung 5: Preis-Reaktionsdiagramm bei kollusivem Verhalten

Abbildung 6: Preis-Mengendiagramm bei imperfekter Kollusion der Oligopolisten

1. Oligopolistische Struktur auf dem deutschen Tankstellenmarkt

Die Preisentwicklung der Kraftstoffsorten an deutschen Straßen- und Bundesautobahntankstellen, sowie die häufigen Preisschwankungen innerhalb eines Tages sind Zentrum einer breiten öffentlichen Diskussion.[1] Im Fokus dieser Diskussion hat das Bundeskartellamt den Wettbewerb auf dem deutschen Tankstellenmarkt für Otto- und Dieselkraftstoffe, getrennt in einer Sektoruntersuchung vom 1.1.2007 - 30.6.2010 analysiert.[2] Ursache dieser Untersuchung waren wettbewerbliche Probleme, Beschwerden aus der Bevölkerung über zu hohe Benzinpreise und Meldungen freier Tankstellenbetreiber über mögliches kollusives Verhalten großer deutscher Mineralölkonzerne.[3] Ziel war es Marktstrukturen des Kraftstoffmarktes und deren Funktionsweise zu analysieren um vertiefte Erkenntnisse über Machtverhältnisse und erzielte Preise zu generieren.[4] Wichtigstes Ergebnis der Sektoruntersuchung Kraftstoffe ist der Befund, das BP (Aral), ConocoPhillips (Jet), ExxonMobile (Esso), Shell und Total ein kollektiv marktbeherrschendes Oligopol (gem. §19 Abs. 2 und Abs. 3 Nr. 2 GWB[5]) auf dem deutschen Tankstellenmarkt darstellen.[6]

Ihr Marktanteil beläuft sich nach aktuellen Schätzungen des Hamburger Energiedienstes EID auf 70, 5 %.[7]

Aufbauend auf diesem Ergebnis sollen im folgendem der deutsche Kraftstoffmarkt räumlich abgegrenzt werden, die kollusiven Interaktionen der Oligopolisten bezüglich ihrer Marktmacht, ihres Preissetzungsverhaltens und den daraus resultierenden Konsequenzen analysiert werden. Abschließend werden Kartellrechtliche Eingriffsmöglichkeiten zur Entflechtung und zur Verbesserung des Wettbewerbs erläutert und dargestellt.

---

[1] Vgl. im Internet: Bundeskartellamt, Hintergrundpapier, Arbeitskreis Kartellrecht (2011, 4).
[2] Vgl. im Internet: Bundeskartellamt, Bericht zur Sektoruntersuchung Kraftstoffe (2011, 75).
[3] Vgl. im Internet: Bundeskartellamt, Bericht zur Sektoruntersuchung Kraftstoffe (2011, 12).
[4] Vgl. im Internet: Bundeskartellamt, Bericht zur Sektoruntersuchung Kraftstoffe (2011, 12).
[5] Gesetz gegen Wettbewerbsbeschränkungen in der Fassung vom 15. Juli 2005 (BGBl. I S. 2114, 2009 I S. 3850), zuletzt geändert durch Art. 13 Abs. 21 des Gesetzes v. 25. Mai 2009 (BGBl. I S. 1102).
[6] Vgl. im Internet: Bundeskartellamt, Bericht zur Sektoruntersuchung Kraftstoffe (2011, 19).
[7] Vgl. im Internet: Statista 2011, Marktanteil der Unternehmen auf dem Tankstellenmarkt in Deutschland (Stand 1. Juli 2009).

2. Qualitative Analyse: Oligopol aus kartellrechtlicher Sicht

Kennzeichnend für die kollektive marktbeherrschende Stellung dieser fünf Unternehmen ist ihre überragende Stellung gegenüber ihren Mitbewerbern und mangelnder Wettbewerb zwischen diesen Unternehmen. Ihr jährlicher Kraftstoffabsatz in Deutschland liegt bei rund 65% der insgesamt in Deutschland abgesetzten Kraftstoffmenge.[8] Marktbeherrschung liegt per Gesetz vor, wenn fünf oder weniger Unternehmen über einen Marktanteil von mehr als zwei Drittel besitzen.[9] Kennzeichnend für das vorliegende fünfer Oligopol ist ihre vertikale Integration entlang der Wertschöpfungskette, der alleinige Zugang zu Raffineriekapazitäten, Lagerstätten und einem bundesweiten strukturiertem Tankstellennetz. Die Mitbewerber der Oligopolisten sind bis auf einzelne Mineralölunternehmen lokal-regional agierende Tankstellenbetreiber, die nicht die wirtschaftliche Position besitzen, den Oligopolisten konkurrierend gegenüberzutreten.[10] Oligopolistische Marktbeherrschung ist in homogenen Produktmärkten, wie vorliegend im Kraftstoffmarkt, eine volkswirtschaftliche Erscheinung bei der sich marktführende Unternehmen parallel verhalten („koordinieren"), um einen höheren Gewinn als in rein wettbewerblichem Verhalten zu erzielen.[11]

Hierbei ist jedoch rechtlich der Begriff Oligopol von Kartell abzugrenzen. Ein Oligopol erfüllt nicht den Tatbestand der wettbewerbswidrigen Preisabsprachen gem. §1 GWB, Art. 101 AEUV[12]. Zentraler Aspekt eines Oligopols ist ein bewusst, gleichgerichtetes, implizites (ohne explizite Preisabsprachen) koordiniertes Parallelverhalten der marktführenden Unternehmen. Ergebnis dieser oligopolistischen Marktbeherrschung sind überhöhte am Markt realisierte Preise, überdurchschnittliche Gewinne der Oligopolisten und daraus resultierende allokative Ineffizienzen.[13]

---

[8] Vgl. im Internet: Bundeskartellamt, Bericht zur Sektoruntersuchung Kraftstoffe, Abschlussbericht (2011, 25).
[9] Vgl. §19 Abs. 2. Satz 2. GWB.
[10] Vgl. im Internet: Bundeskartellamt, Bericht zur Sektoruntersuchung Kraftstoffe, Abschlussbericht (2011, 23).
[11] Vgl. im Internet: Bundeskartellamt, Bericht zur Sektoruntersuchung Kraftstoffe, Abschlussbericht (2011, 49).
[12] Vertrag über die Arbeitsweise der Europäischen Union (AEUV) in der Fassung des Amsterdamer Vertrags v. 02.10.1997 (BGBl. 1998 II 386, 465, ber. 1999 II 416), zuletzt geändert durch den Vertrag von Lissabon v. 13.12.2007 (Konsolidierte Fassung ABl. 2010 C 83, S. 47).
[13] Vgl. Kantzenbach/ Kruse (1989, 8).

2.1 Kennzeichen oligopolistischer Marktstrukturen

2.1.1 Marktmacht deutscher Kraftstoffanbieter

Bei BP (Aral), ConocoPhillips (Jet), ExxonMobile (Esso), Shell und Total handelt es sich über alle Stufen und Prozesse der Wertschöpfungskette vertikal integrierte und verflechtete Mineralölkonzerne.[14]
Zu Beginn der zweiten Jahreshälfte 2011 ist laut Veröffentlichung des Hamburger Energiedienstes EID mit einem Marktanteil von 23,5 % und 2397 Tankstellen Aral (BP) vor Shell mit 22 % und 2090 Tankstellen klar Marktführer. ConocoPhillips (Jet) ist mit 10 % Marktanteil (743 Tankstellen) drittgrößter Kraftstoffanbieter vor Total und Esso mit je einem Marktanteil von 7,5 % und 963 bzw. 1089 Tankstellen. Der Anteil der Marktgruppe BFT, Bundesverband freier Tankstellen, beläuft sich mit 1793 angemeldeten Straßentankstellen auf rund 9 %.[15]
Es existieren noch weitere freie Tankstellen, die aber nicht in Verbänden oder Konzernen organisiert sind. Diese Anzahl ist marktmachtpolitisch vernachlässigbar. Diese veröffentlichten Werte über Marktanteile der großen Mineralölkonzerne stützen deutlich den Oligopol Befund des Bundeskartellamtes.

Im Zentrum der Betrachtung der Marktmacht sind zwei wesentliche Ebenen hervorzuheben. Ihre Interaktionen auf der Ebene des Produktionsprozesses (Raffinierung und Aufbereitung von Kraftstoffen), und der bundesweiten Distributionsebene im Einzel- und Großhandel sind klare Marktmacht stärkende Faktoren.[16]

Durch den direkten Zugang zu Raffinerie- und Lagerkapazitäten und ihrem bundesweit flächendeckendem Tankstellenvertriebsnetzes haben die Oligopolisten einen wettbewerblich relevanten Vorteil gegenüber kleinen, freien Mineralölunternehmen. Diese sind zusätzlich über fehlenden direkten Zugang zu Raffineriekapazitäten über Lieferverträge direkt von den Preisentscheidungen der Oligopolisten abhängig. Es liegt nahe, dass freie Tankstellenbetreiber nicht in der Lage sein werden, diese Form der Marktmacht und den

---

[14] Vgl. im Internet: Brennstoffspiegel, 14729 deutsche Tankstellen- Markt stabil (2011, 1).
[15] Vgl. im Internet: Brennstoffspiegel, 14729 deutsche Tankstellen- Markt stabil (2011, 1).
[16] Vgl. im Internet: Bundeskartellamt, Bericht zur Sektoruntersuchung Kraftstoffe, Abschlussbericht (2011, 39).

Entscheidungsspielraum der Oligopolisten einzudämmen.[17] Die Marktmacht der Oligopolisten lässt sich anhand geeigneter Konzentrationsmaße bestimmen. Für den Wettbewerb im Kraftstoffsektor sind der Herfindahl-Hirschmann-Index (HHI)[18] und die Konzentrationsrate CR_5 am besten geeignet. Um die Marktmacht bzw. die Marktkonzentration im Kraftstoffmarkt zu überprüfen wird beim HHI eine Funktion der einzelnen Marktteile der Unternehmen verwendet.[19]
Der Herfindahl-Hirschmann-Index errechnet sich über die Summe aller quadrierten Marktanteile a_i.

$$H := \sum_{i=1}^{N} a_i^2 \text{, wobei } 0 \leq H \leq 1$$

In Abhängigkeit der Struktur des Angebots, ergeben sich folgende Standardwerte:[20] Monopol (H = 1), Marktkonzentration 100 %, Duopol (H = 0,5) und für das Triopol ein Herfindahl-Hirschmann Index von H= HHI = 1/3. Im Fall der Kraftstoffoligopolisten errechnet sich ein HHI von $0,235^2 + 0,225^2 + 0,1^2 + 0,075^2 + 0,075^2 = 0,1271$. Da in konzentrierten Märkten der HHI sehr kleine Werte annehmen kann wird er von der Monopolkommission des Bundeskartellamtes mit 10.000 multipliziert (1.271 für den vorliegenden Fall). Der höchste zu erreichende Wert ist von einem Monopol das den gesamten Marktanteil besitzt bei 10.000 erreicht. Bei einem HHI-Wert über 1.000 (≤ 1.800) gilt ein Markt als mäßig konzentriert.

Zur Bestimmung des am Absatz gemessenen Marktanteils, liegt für die fünf größten Unternehmen im Kraftstoffmarkt die *Concentration Ratio*, also die Summe der Marktanteile der größten Unternehmen, bei $CR_5 = 23,5\ \% + 22,5\ \% + 10\ \% + 2*7,5\ \% = $ **71%**. Aufgrund der niedrigen Anforderungen an das Datenmaterial ist die *Concentration Ratio* zur Bestimmung der Marktkonzentration im deutschen Kraftstoffmarkt sehr gut geeignet. Ein Vorteil des HHI ist die Gewichtung der Marktanteile durch ihre Quadrierung. Dies bedeutet, dass größere Unternehmen, wie z.B. Aral oder Shell einen größeren Einfluss auf die Höhe des HHI, als kleinere Unternehmen besitzen.

---

[17] Vgl. im Internet: Bundeskartellamt, Zwischenbericht zur Sektoruntersuchung (2009, 3).
[18] Vgl. Knieps (2008, 51).
[19] Vgl. Knieps (2008, 51).
[20] Vgl. Knieps (2008, 51).

2.1.2 Asymmetrische Markttransparenz

Für die Realisierung einer impliziten Kollusion durch die Oligopolisten ist es erforderlich Überblick über den Wettbewerbsparameter Kraftstoffpreis zu besitzen. Nur durch die Preisbeobachtung können sie ohne Absprachen das Verhalten ihrer Mitbewerber beobachten, bewerten und abweichendes Verhalten durch Sanktionsmechanismen bestrafen.[21] Der Kraftstoffmarkt ist durch seine flächendeckende Struktur hoch transparent.

Das bedeutet gem. § 8 PAngV[22] sind Kraftstoffpreise an Tankstellen so auszuweisen, dass sie für Kunden klar lesbar und einsehbar sind. Dies geschieht in der Praxis durch Monolithen, an denen die aktuell geltenden Preise der Kraftstoffsorten notiert sind.[23]

Diese Form der Markttransparenz ist jedoch stark asymmetrisch geprägt, denn durch die Preisauszeichnung erhalten die Kunden lediglich Auskunft über die geforderten Preise einer Tankstelle. Sie erhalten keine Informationen über geltende Preise anderer Tankstellen. Jedoch ist für die flächendeckend agierenden Oligopolisten das Preissetzungsverhalten ihrer Konkurrenten und ihrer eigenen Preise sehr gut beobachtbar.
Dies erfolgt über ein Datenverarbeitungssystem in das Tankstellenmitarbeiter Informationen zu aktuellen Preisen und Preisänderungen ihrer Mitbewerber mehrmals täglich erfassen und zentral abspeichern.[24]

Dies ermöglicht einen hohen Grad der Informationssymmetrie der Markttransparenz, die eine mögliche verdeckte Kommunikation der Oligopolisten untereinander erleichtert und es den Wettbewerbern ermöglicht zu erkennen, ob und inwieweit ein Anbieter sich selbst auf ein bestimmtes zukünftiges Verhalten festlegt.[25]

---

[21] Vgl. Hahn (2003, 232).
[22] Preisangabenverordnung in der Fassung der Bek. v. 18.10.2002 (BGBl. I 4197), zuletzt geändert durch Art. 4 des Gesetzes v. 24.07.2010 (BGBl. I 977).
[23] Vgl. im Internet: Bundeskartellamt, Zwischenbericht zur Sektoruntersuchung (2009, 51).
[24] Vgl. im Internet: Bundeskartellamt, Bericht zur Sektoruntersuchung Kraftstoffe, Abschlussbericht (2011, 51).
[25] Vgl. Reiber (2009, 114).

2.1.3 Marktzutrittsschranken

Ein weiteres Merkmal der oligopolistischen Marktstruktur im deutschen Tankstellenmarkt sind enorme Markteintrittsbarrieren, die für neue Marktteilnehmer mit hohen Fixkosten verbunden sind. Diese Marktzutrittsbarrieren sind in der Industrieökonomik und der Regulierungstheorie in zwei zentralen Konzepten zusammengefasst. Das Marktzutrittsschrankenkonzept nach Bain und das regulierungstheoretische Konzept nach Stigler.[26] Diese Konzepte untersuchen grundlegend den Vorteil aktueller Marktteilnehmer gegenüber potentiellen Neueintretern. In dem Konzept nach Bain wird auf Basis eines aktuellen langfristigen Kostenkonzeptes untersucht ob Preise langfristig oberhalb der Durchschnittskosten am Markt realisiert werden können ohne das Markzutritt rentabel ist. Bain unterscheidet in seinem Konzept drei zentrale Ursachen von Marktzutrittsschranken.[27] Absolute Kostenvorteile, Betriebsgrößenvorteile (*economies of scale*[28]) und Produktdifferenzierungsmöglichkeiten der bereits im Markt agierenden Wettbewerber.[29]

Absolute Kostenvorteile als Markteintrittsbarrieren sind im Kraftstoffsektor der direkte Zugang der Oligopolisten zu Raffinerie- und Lagerkapazitäten und die Möglichkeit in folgenden Lieferverträgen zu Marktnewcomern ihre Kraftstoffpreise durchzusetzen. Ein weiterer absoluter Kostenvorteil für die im Markt etablierten Oligopolisten ist, dass ein Newcomer finanziell sehr stark sein muss, um Lieferverträge und Raffineriebeteiligungen an Raffineriekapazitäten zu erwerben.

Größenvorteile in der Produktionskapazität über nachgefragte Kraftstoffmengen lassen sich für Marktneulinge schwer umsetzen. Produktweiterentwicklungen und Innovationen als Produktdifferenzierung lassen sich im starren, sehr homogenen, innovationsarmen Kraftstoffmarkt nur durch sehr hohe Ausgaben für Entwicklungskosten realisieren.

Ein weiteres Problem in der Realisierung von Größenvorteilen liegt in dem Aufbau eines eigenen Tankstellennetzes, das eine ökonomische Gewinnwirtschaftung erst ermöglicht. Dies ist durch das flächendeckende, gut strukturierte Tankstellennetz der Oligopolisten in der gesamten Bundesrepublik fast ausgeschlossen.

---

[26] Vgl. Knieps (2008, 15).
[27] Vgl. Knieps (2008, 15).
[28] Vgl. Scherer/ Ross (1990, 72).
[29] Vgl. Schmidt (2007, 70).

Im Marktzutrittsschranken-Konzept nach Stigler ist der Marktzutritt für Marktneulinge durch eine höhere Risikoprämie für Neueintreter gekennzeichnet.[30] Charakteristisch hierfür sind Kapitalbarrieren verbunden mit einer verwehrten effizienten Ressourcenallokation durch die Kontrolle der Oligopolisten über begrenzt verfügbare Inputfaktoren.[31] Dies ist im konkreten Fall die gemeinsame Nutzung der Raffineriekapazitäten, der Pipelines und der gleichen Tanklager.

Wesentlicher Unterschied der beiden Konzepte ist, das Stigler Größenvorteile als Ursache einer Markteintrittsbarriere ablehnt, wenn Marktneulinge Zugang zu gleichen Technologie- und Kostenfunktionen haben.[32]

2.1.4 Produkthomogenität im Kraftstoffmarkt

Bei Otto- und Dieselkraftstoffen im deutschen Kraftstoffmarkt handelt es sich um sehr homogene Produkte. Dies ist in den Europäischen Normen EN 228 für Ottokraftstoffe mit 95 Oktan (Superbenzin) und EN 590 für Dieselkraftstoffe geregelt.[33] Diese Grundkraftstoffe der verschiedenen Anbieter sind aus Perspektive der Nachfrager in den Eigenschaften absolut identisch und sehr gut substituierbar. Ersichtlich ist dies an der hohen Preiselastizität der Nachfrage und einem durchdachten Kundenbindungsprogramm der Kraftstoffanbieter.[34]

Diese Produkthomogenität legt nahe, dass der entscheidende Parameter bei einer Kaufentscheidung lediglich der Kraftstoffpreis ist. Andere Parameter der Produkt-differenzierung fallen nicht ins Gewicht, da Innovationen im Kraftstoffsegment lediglich zu Marketingzwecken eingesetzt werden und deren Absatz verhältnismäßig gering ist. Ziel der oligopolistischen Marktbeherrschung von Aral, Jet, Esso, Shell und Total ist es, die Überschneidung potentieller Nachfrager Gruppen so gering wie möglich auszugestalten, um einer direkten Vergleichbarkeit im Wettbewerb auszuweichen.[35]

---

[30] Vgl. Knieps (2008, 18).
[31] Vgl. Knieps (2008, 18).
[32] Vgl. Knieps (2008, 18).
[33] Vgl. im Internet: Bundeskartellamt, Bericht zur Sektoruntersuchung Kraftstoffe, Abschlussbericht (2011, 53).
[34] Vgl. im Internet: Bundeskartellamt, Bericht zur Sektoruntersuchung Kraftstoffe, Abschlussbericht (2011, 53).
[35] Vgl. Hahn (2003, 244).

Die Oligopolisten werden bei diesen homogenen Produkten versuchen sich starken Reaktionsgeschwindigkeiten zu entziehen, um vermeintlich heterogene Produkte anzubieten.[36] Dies geschieht durch Werbemaßnahmen für die Premiumprodukte von Aral (Ultimate 100) und Shell (V-Power Racing 100).[37]

2.1.5 Produkt- und markenspezifische Preiselastizität der Nachfrage

In der Mikroökonomie ist die Preiselastizität der Nachfrage definiert als, Verhältnis von relativer Mengenänderung bei relativer Preisänderung.[38] Die direkte Preiselastizität der Nachfrage ist die Änderung der Reaktion der Nachfrage bei relativen Preisänderungen. Im Kraftstoffmarkt unterscheidet man die produktspezifische Elastizität der Nachfrage von der markenspezifischen (unternehmensindividuellen) Preiselastizität. Die unternehmensindividuelle Preiselastizität der Nachfrage drückt die Konkurrenzsituation der Anbieter untereinander aus.[39]

Die Formel der Preiselastizität der Nachfrage ε lautet allgemein: $\varepsilon = \Delta X / X / \Delta P / P$.

ΔX und ΔP bezeichnen hier die absoluten Änderungen der Menge und des Preises der Kraftstoffe die ins Verhältnis zum Ausgangswert der Menge und der Preise gesetzt werden.[40]

Die produktspezifische Elastizität der Nachfrage nach Kraftstoffen im Sinne der Energiepreiselastizität nach Erdmann/ Zweifel (2008) werden mengenmäßige Reaktionen der Nachfrager auf Preisänderungen als sehr niedrig angesehen.[41] Bei einer marginalen Änderung des Preises kommt es über die Jahresabsatzmengen an Kraftstoffen zu keinen relevanten Rückgängen der Kraftstoffmenge. Ein Ausweichen auf alternative Antriebsquellen, um Preissteigerungen und Preisinstabilität im Kraftstoffmarkt zu verhindern wird nicht, oder nur durch vereinzelte Nachfrager in geringen Mengen vollzogen.

---

[36] Vgl. Hahn (2003, 244).
[37] Vgl. im Internet: Bundeskartellamt, Bericht zur Sektoruntersuchung Kraftstoffe, Abschlussbericht (2011, 53).
[38] Vgl. Wildmann (2010, 135).
[39] Vgl. Reiber (2009, 99).
[40] Vgl. Wildmann (2010, 136).
[41] Vgl. Erdmann/ Zweifel (2008, 103).

Man spricht von einem Verkäufermarkt, denn „bei einem (relativen) Energiepreisanstieg reduziert sich die Energienachfrage proportional weniger stark als der Preisaufschlag, die Umsatzerlöse der Energieanbieter steigen, womit deren Marktposition relativ stark ist."[42] Im Gegensatz hierzu ist die markenspezifische Preiselastizität sehr hoch. Dies bedeutet, dass spezifische Unterschiede in der Preissetzung zweier benachbarter, für Kunden direkt, vergleichbaren Tankstellen die relativ gesehen teurere Tankstelle enorme Umsatzeinbußen zu verzeichnen hat.[43]

2.1.6 Verflechtungen der Oligopolisten

Durch dependente Aktionen der fünf großen Tankstellenbetreiber in ihren Geschäftsbereichen des Erzeugungs-, Transport-, und Vertriebsmarktes können sie gezielt Informationen über Strategien und Ziele der Preissetzung, sowie gemeinsame Entscheidungen zu Finanzierungen von Erzeugungs- und Pipelinekapazitäten treffen und koordinieren. Durch ihre Verflechtungen der Eigentumsanteile an den Rohölpipelines der Deutschen Transalpine Oelleitung GmbH (TAL), der Nord-West-Oelleitung GmbH (NWO) und der Norddeutschen Oelleitungsgesellschaft mbH (NDO) sind alle Oligopolisten eng miteinander in Vertragsbeziehungen verflochten.[44] Der Oligopolist bezieht durch Preis- bzw. Absatzänderungen stets die Reaktionen seiner Mitbewerber/ Konkurrenten in seine Aktionen mit ein und ruft dadurch interdependente Verflechtungen hervor.[45]

Die deutschen Kraftstoffoligopolisten vereinen ebenfalls den Großteil aller Eigentumsanteile der größten deutschen Raffinerien in Karlsruhe (MiRO Mineralölraffinerie Oberrhein GmbH), Vohburg/ Neustadt (Bayernoil Raffineriegesellschaft mbH), Schwedt (PCK Raffinerie GmbH) und in Gelsenkirchen mit der Ruhr Öl GmbH.[46] Als Konsequenz dieser verflechteten Geschäftsstrukturen lässt sich ihre Interdependenz in Kontraktbeziehungen und Lieferverträgen leicht zeigen. Markermittlungen ergaben, dass rund 25 % der in Deutschland abgesetzten Kraftstoffmenge durch Tauschverträge auf der Erzeuger- und

---

[42] Erdmann/ Zweifel (2008, 103).
[43] Vgl. im Internet: Bundeskartellamt, Bericht zur Sektoruntersuchung Kraftstoffe, Abschlussbericht (2011, 54).
[44] Vgl. im Internet: Bundeskartellamt, Bericht zur Sektoruntersuchung Kraftstoffe, Abschlussbericht (2011, 54).
[45] Vgl. Reiber (2009, 8).
[46] Vgl. im Internet: Bundeskartellamt, Bericht zur Sektoruntersuchung Kraftstoffe, Abschlussbericht (2011, 56).

Raffinerieebene festgelegt sind. Zwei relevante Arten der Verträge existieren im Kraftstoffmarkt, der Markenpartnervertrag (Vertrag zwischen Mineralölkonzern/ Mineralölhändler und einem Tankstellenbetreiber) und der Markenhändlervertrag (Vertrag zwischen Mineralölhändler und Mineralölkonzern).[47] Diese Tauschverträge erheben hohe Anforderungen an den Informationsaustausch zwischen den Oligopolisten. Diese geforderte Informationssymmetrie ist durch die hohe Markttransparenz gewährleistet.

Der Markenpartnervertrag regelt das Recht und die Pflicht des einzelnen Tankstellenbetreibers, Kraftstoffe im Namen und für Rechnung des Mineralölkonzerns/ Händler zu verkaufen. Im Markenhändlervertrag ist der Mineralölhändler verpflichtet und berechtigt Kraftstoff für den Mineralölkonzern zu vertreiben.[48]

Die folgende Abbildung erklärt die Verflechtungen auf den Marktstufen im Mineralölhandel:

Abb.1: Marktstufen im Mineralölhandel [49]

Das Innenverhältnis der Oligopolisten ist durch gemeinsame wirtschaftliche Interessen als sogenanntes Gruppenbewusstsein geprägt und durch das Fehlen wesentlichen Wettbewerbs charakterisiert.[50]

---

[47] Vgl. im Internet: Bundeskartellamt, Bericht zur Sektoruntersuchung Kraftstoffe, Abschlussbericht (2011, 159).
[48] Vgl. im Internet: Bundeskartellamt, Bericht zur Sektoruntersuchung Kraftstoffe, Abschlussbericht (2011, 159).
[49] Vgl. im Internet: Bundeskartellamt, Bericht zur Sektoruntersuchung Kraftstoffe, Abschlussbericht (2011, 160).
[50] Vgl. Krause (2003, 18).

Diese Abhängigkeit durch gemeinsame Tätigkeiten der Oligopolisten auf den vorgelagerten Stufen der Produktion hat die Folge, dass die geplanten Marktaktionen eines Kraftstoffanbieters, die Reaktionen der anderen Oligopolisten in seinen Entscheidungen zu berücksichtigen hat.[51]

Desweiteren ist die zersplitterte Gruppe der zahlreichen kleinen, regionalen Tankstellenbetreiber nicht in der Lage die bestehenden Vertragsbeziehungen der Oligopolisten, z.B. durch Raffineriekapazitätszukäufe zu gefährden.

Die Analyse der interdependenten Faktoren in einem simultanen Preiswettbewerb in homogenen Oligopolen geht zentral auf Bertrand (1883) zurück.[52]

Im Falle homogener Güter, wie im Kraftstoffmarkt führt sequentielle Preissetzung zu dem gleichen Marktergebnis wie die simultane Preissetzung.[53] Näheres hierzu unter 2.2 Preissetzungsverhalten.

2.1.7 Fehlende Marktmacht der Nachfrager

Kennzeichnend für die Marktmacht der Anbieterseite ist, dass die Endkunden stark von den Anbietern abhängig sind. Dies ist im deutschen Kraftstoffsektor aufgrund der starren Marktstruktur und dem flächendeckenden Tankstellennetz der Oligopolisten erfüllt. Es existiert eine enorm große Menge kleiner Endkunden, die auf die Versorgung mit Kraftstoffen durch die Oligopolisten angewiesen sind. Dies spricht für einen reinen Anbietermarkt ohne Marktmacht der Nachfrager.

Voraussetzung für eine Marktmacht auf Seite der Nachfrager (Käufermarkt) wäre, dass sie nicht reine Mengenanpasser sind, sondern durch bestimmte Verhaltensweisen den Marktpreis beeinflussen können.[54] Dies setzt wenige marktstarke Nachfrager voraus, die über ihre nachgefragte Menge gewisse Verhandlungsmacht gegenüber den Kraftstoffanbietern hätten. Dies liegt im Kraftstoffmarkt nicht vor. Einige wenige in den Interessen gleichgerichtete Anbieter sehen sich Millionen von Kraftfahrern gegenüber, die weder marktstrategische Überlegungen noch koordiniertes Verhalten ihrer Marktseite ermöglichen können.

---

[51] Vgl. Hardes/ Uhly (2007, 236).
[52] Vgl. Pfähler/ Wiese (2008, 75).
[53] Vgl. Pfähler/ Wiese (2008, 75).
[54] Vgl. Kleinewefers (2008, 148).

2.2 Preissetzungsverhalten der Kraftstoffanbieter

Um das Preissetzungsverhalten der Oligopolisten im Kraftstoffmarkt erklären zu können, ist eine fundierte Analyse des Wettbewerbsparameters Kraftstoff unabdingbar. Von zentraler Bedeutung sind hier die absolute Preishöhe, die Verteilung und das Ausmaß der sogenannten Preiserhöhungsrunden. Eine wichtige Beobachtung ist das Phänomen der Preissenkungen, Preiserhöhungen und der zyklischen Preisentwicklungen.[55] Entscheidender Einstieg in der Analyse der Preissetzung der Oligopolisten ist, dass die verschiedenen Tankstellenbetreiber von den vertikal integrierten Oligopolisten beauftragt sind, Kraftstoffpreise an benachbarten, fremden Tankstellen zu beobachten und diese Preisdaten mehrfach täglich über ein Datenbanksystem an die Zentrale des Mineralölkonzerns zu melden.

Informationssymmetrie bzgl. der Preise erfolgt damit ohne explizite Preisabsprachen, sondern rein über eine flächendeckende Preisbeobachtung und Preismeldungen an zentrale Pricingbehörden.[56] Charakteristisch für Preiserhöhungen ist, dass sie fast ausnahmslos flächendeckend von den Oligopolisten vorgenommen werden.[57] Das Beobachtungssystem ermöglicht eine implizite Koordinierung der Preissetzung. Dieses wettbewerblich, bedenkliche Verhalten der Oligopolisten legt den Schluss nahe, dass sie nur über den Kraftstoffpreis und dessen Signalwirkung im Markt miteinander konkurieren. Dies führt im Grundmodell zu Oligopol Lösungen in einem homogenen Preiswettbewerb nach Bertrand. Bertrand entwickelte auf Basis der Cournot´schen Duopollösung, eine Lösung für den Fall der Preisstrategie, die Bertrand-Edgeworth-Lösung heißt.[58] In der entscheidenden Änderung der Grundannahme des duopolistischen Wettbewerbs von Bertrand ist, dass Edgeworth Kapazitätsbeschränken zulässt.[59]
Im Grundmodell nach Bertrand werden sich bei gegebener Nachfragesituation die oligopolistischen Anbieter im Preiswettbewerb so lange unterbieten um die gesamte

---
[55] Vgl. im Internet: Bundeskartellamt, Bericht zur Sektoruntersuchung Kraftstoffe, Abschlussbericht (2011, 75).
[56] Vgl. im Internet: Bundeskartellamt Sitzung des Arbeitskreises Kartellrecht, Gleave (2011, 8).
[57] Vgl. im Internet: Bundeskartellamt Sitzung des Arbeitskreises Kartellrecht, Gleave (2011, 6).
[58] Vgl. Ott (1997, 219).
[59] Vgl. Ott (1997, 219).

Marktnachfrage auf sich zu ziehen, bis ihr Preis den langfristigen Durchschnittskosten entspricht. Es resultiert ein fortlaufender Prozess gegenseitiger Preisunterbietung.[60]

Kein Wettbewerber kann sich durch eine Preiserhöhung oberhalb der langfristigen Durchschnittskosten verbessern. Lediglich eine Verbesserung durch stillschweigende Kollusion (*tacit collusion*) der Oligopolisten (im Ursprungsmodell: Duopolisten) durch eine gleichzeitige Erhöhung der Preise auf das identische Preisniveau ist denkbar.[61]

In diesem Punkt im Modell bietet die zusätzliche Annahme Edgeworths der Kapazitätsbeschränkungen der Anbieter weitere Untersuchungsmöglichkeiten.
Im Endzustand des Modells zeigt sich aufgrund der Kapazitätsbeschränkungen der Anbieter ein Nachfragemengenüberschuss. Dies lässt die Überlegung eines Anbieters zu, den Preis wieder zu erhöhen, um aufgrund der beschränkten Kapazitäten seines Konkurrenten die restliche Nachfrage der Konsumenten, wenn auch zu einem höheren Preis, zu befriedigen.[62]
Dies setzt natürlich die Annahme voraus, dass die Nachfrager, die zu dem niedrigeren Preis nicht beliefert werden können, bereit sein müssen einen höheren Preis für das Gut zu entrichten.[63]

Da im Kraftstoffmarkt, die Nachfrager keine Substitutionsmöglichkeit besitzen und für ihre Kraftfahrzeuge Kraftstoffe aus fossilen Brennstoffen benötigen, ist diese Annahme des Anbieters gerechtfertigt. Eine Erhöhung der Kraftstoffpreise im Kraftstoffmarkt ist dadurch am Markt realisier- und durchsetzbar geworden.

Die Preisbeobachtung der Oligopolisten zur Erhöhung der Markttransparenz ist ein grundlegender Aspekt der Umsetzung ihres Preissetzungsverhaltens. Diese Beobachtung ist durch grundlegende Häufigkeitsverteilungen in der Anzahl der direkt angegebenen Wettbewerbertankstellen in unmittelbarer, lokaler Nähe möglich.
Im Rahmen der Sektoruntersuchung Kraftstoffe des Bundeskartellamts wurden 407 Tankstellen von 19 größeren Mineralölunternehmen in vier deutschen Großstädten

---

[60] Vgl. Ott, A.E. (1997, 219).
[61] Vgl. Ott, A.E. (1997, 220).
[62] Vgl. Ott, A.E. (1997, 221).
[63] Vgl. Ott, A.E. (1997, 221).

(Hamburg, Köln, München und Leipzig) erfasst.[64] Anhand der 407 Standpunkte wurde eine Häufigkeitsverteilung erstellt und folgendes Ergebnis in der untenstehenden Abbildung zusammengefasst (Abb. 2).

Hierbei ist von besonderem Interesse, in welchem Umfang sich die Oligopolisten untereinander selbst beobachten, um ihre gewünschte Preissetzung bundesweit zu koordinieren.

Unterscheidet man diese Daten nach Integrationsgrad der Mineralölunternehmen ergibt sich eine von den fünf Oligopolisten durchschnittliche Anzahl von 3,44 Wettbewerbertankstellen.

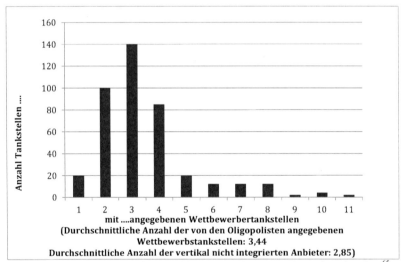

Abb 2: Häufigkeitsverteilung der Anzahl der angegebenen Wettbewerbstankstellen.[65]

Im Rahmen der Sektoruntersuchung Kraftstoffe durch das Bundeskartellamt, wurde in allen untersuchten Regionen empirisch überprüft und festgestellt, dass die absolute Preishöhe für Otto- und Dieselkraftstoffe am Freitag und am Samstagmorgen die Tage mit den höchsten Durchschnittspreisen sind.

---

[64] Vgl. im Internet: Bundeskartellamt, Bericht zur Sektoruntersuchung Kraftstoffe, Abschlussbericht (2011, 76).
[65] angelehnt an: Bundeskartellamt, Bericht zur Sektoruntersuchung Kraftstoffe, Abschlussbericht (2011, 84).

Im Wochenverlauf durchgängig als am günstigsten erweist sich der Montag, gefolgt vom Sonntag.[66] Betrachtet man zusätzlich das Muster der Preiserhöhungen und Preissenkungen der Oligopolisten lässt sich erkennen, dass ein hohes Maß an gleichgerichtetem Verhalten besteht.

Grundsätzlich ist die Anzahl der Preissenkungen doppelt so hoch, wie die Anzahl der Preiserhöhungen. Wogegen das Ausmaß der Preisänderungen sich im Durchschnitt fast exakt gegenläufig verhält. Die Sprünge der Preiserhöhungen sind doppelt so groß, wie die der Preissenkungen.[67]

In diesen Preisveränderungen sind von grundlegender Bedeutung die zeitlichen Zusammenhänge. Hier differenzieren die Oligopolisten in der Preissetzung bei Preiserhöhungen und Senkungen.

Preiserhöhungen eines Oligopolisten finden flächendeckend simultan an zahlreichen, regionalen Tankstellen eines Kraftstoffanbieters statt, während Preissenkungen lediglich punktuell an wenigen regionalen Tankstellen vorgenommen werden.
Erhöhen zwei oder mehr große Mineralölunternehmen flächendeckend simultan oder in kurz aufeinanderfolgenden Zeitabständen (sequentiell) spricht das Bundeskartellamt von sogenannten Preiserhöhungsrunden.[68]

Initiator einer Preiserhöhungsrunde sind entweder Aral oder Shell, wobei in rund 90% der Fälle exakt nach drei Stunden nach initiieren der Preiserhöhungsrunde das andere Unternehmen folgt. Nach bis zu dreieinhalb Stunden nach Beginn folgt in über 90% der Fälle Total. Nach fünf Stunden folgen Jet und Esso in knapp 70% aller vom Bundeskartellamt untersuchten Fälle.[69]
Wobei sie bei ihrer Preissetzung in den häufigsten Fällen knapp einen Eurocent unter den Preisen von Aral oder Shell verbleiben. Dieses Vorgehen der Oligopolisten ist in Abb. 3. dargestellt.

---

[66] Vgl. im Internet: Bundeskartellamt, Bericht zur Sektoruntersuchung Kraftstoffe, Abschlussbericht (2011, 89).
[67] Vgl. im Internet: Bundeskartellamt, Bericht zur Sektoruntersuchung Kraftstoffe, Abschlussbericht (2011, 93).
[68] Vgl. im Internet: Bundeskartellamt, Bericht zur Sektoruntersuchung Kraftstoffe, Abschlussbericht (2011, 97).
[69] Vgl. Bundeskartellamt Sitzung des Arbeitskreises Kartellrecht, Gleave (2011, 13).

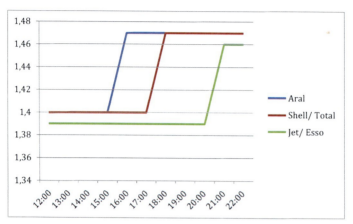

Abb.3: Beispiel einer Preiserhöhungsrunde durch den Initiator Aral [70]

Dieses ausgeprägte Reaktionsmuster der fünf Oligopolisten auf eine Preiserhöhung durch ein dominant auftretendes Unternehmen ist das Resultat der ausgeprägten Preisbeobachtungen und der systematischen Marktbeobachtung.

2.3 Modell der Edgeworth-Zyklen: Beobachtungsparameter Kraftstoffpreis

Um die zyklischen Preisentwicklungen und das Preissetzungsverhalten im Kraftstoffmarkt näher zu analysieren, bietet sich das von Maskin/ Tirole im Jahre 1988 entwickelte Modell der Edgeworth-Zyklen an.
Es erklärt Preissetzungen in oligopolistischen Märkten bei homogenen Produkten in einem dynamischen Kontext mit zyklischen Preisbewegungen.[71]
Im Grundmodell von Maskin und Tirole handelt es sich um ein theoretisches Konstrukt, das das Preissetzungsverhalten auf einem homogenen Produktmarkt mit zwei Anbietern untersucht.[72]

---

[70] Angelehnt an: Bundeskartellamt Sitzung des Arbeitskreises Kartellrecht, Gleave (2011, 11).
[71] Vgl. Maskin/ Tirole (1988, 571).
[72] Vgl. Maskin/ Tirole (1988, 572).

Wesentliche Grundannahmen, zur isolierten Betrachtung der Wirkungsweise des Parameters Preis sind im Modell unabdingbar:
- Primärer Aktionsparameter im Modell ist der Preis
- Die Duopolisten sind symmetrisch (identische Grenzkosten, gleicher Abzinsungsfaktor zukünftiger Gewinne)
- Die Preissetzung durch die zwei Duopolisten erfolgt sequentiell in einem diskreten Zeitraster bei unendlichem Planungshorizont („*discrete time with infinite horizon*")[73]
- Die angebotenen Produkte sind homogen und die Nachfrage verteilt sich bei gleichem Preis zu gleichen Anteilen auf die zwei Anbieter. (*„We will assume that the goods produced by the two firms are perfect substitutes, and that firms share the market equally when they charge the same price"*[74])
- Nachfrager sind sehr preissensibel, ihre Kaufentscheidung ist lediglich vom Preis abhängig (Keine markenspezifischen Präferenzen)
- Der Anbieter mit dem geringeren Preis zieht die gesamte Nachfrage auf sich. (Diese Annahme ist bei Übertragung auf den Kraftstoffmarkt durch begrenzte Kapazitäten der Anbieter nicht einzuhalten)

In diesem Modellrahmen zeigen Maskin/ Tirole, dass zyklische Preisänderungen ein stabiles Gleichgewicht darstellen können. Es ergibt sich im Modell ein zyklisches Preismuster mit zwei Phasen: In der ersten Phasen der gegenseitigen Preisunterbietung der beiden Anbieter und einer Phase der Nullaktion (des Abwartens), bis einer der Duopolisten den Preis schrittweise wieder erhöht. Die Preisunterbietung im Modell geschieht so lange, bis sich ein Preis im Markt gleich den Grenzkosten einstellt. Hier stehen nun beide Anbieter vor einem Dilemma, da für beide im Sinne der Gewinnmaximierung ein höherer Wettbewerbspreis vorteilhaft wäre. Die strategische Dilemma-Situation besteht darin, dass es für den einzelnen Anbieter besser wäre, wenn der andere Anbieter zuerst den Preis erhöht, um dann mit einer marginalen Preisunterbietung in der folgenden Periode die gesamte Nachfrage auf sich zu vereinen. Dieses Problem der *mixed-strategy* zum Zeitpunkt des Abwartens und die damit verbundene Erst-Reaktion, einer der beiden Anbieter erfolgt mit einer gewissen Wahrscheinlichkeit durch einen Anbieter zuerst.[75]

---

[73] Vgl. Maskin/ Tirole (1988, 573).
[74] Maskin/ Tirole (1988, 573).
[75] Vgl. Bester (2010, 111).

Dabei ist die zufällige Wahl der Preiserhöhung optimal bei gegebenem zufälligem Verhalten des Konkurrenten.[76] Hierbei ist zu beachten, dass dieses realisierte Gleichgewicht nur ex ante also vor Reaktion des Konkurrenten optimal ist.[77] Jedoch zeigt sich im Modell, dass die resultierenden Preiserhöhungen über mehrere Perioden im Zyklus konstant sind und ein Vielfaches der Preissenkungen betragen. Asymmetrische, zyklische Preisänderungen liegen dadurch vor. Es resultieren Edgeworth-Preiszyklen ohne direkte Änderungen in der Kosten- oder Technologiefunktionen bzw. den Nachfragerbedingungen.

Im Gegenzug zu einem reinen Preiswettbewerb nach Bertrand in einem endlichen Zeitraum bei homogenen Gütern, bei dem sich langfristig ein Preis auf Grenzkostenniveau einstellt, welches als Bertrand-Paradox bezeichnet wird.[78] Als zentraler Aspekt im Edgeworth-Preiszyklen Modell von Maskin/ Tirole lässt sich die sequentielle Preissetzung der Anbieter entdecken. Nur aufgrund dieser können die Anbieter rational erwarten nach einer Preiserhöhung von marginalen Preisunterbietungen zu profitieren.

Maskin und Tirole schlussfolgern aus dieser Tatsache, dass ihr Modell als eine mögliche *tacit collusion* (stillschweigende Kollusion/ Koordinierung) der Anbieter interpretiert werden kann.[79]

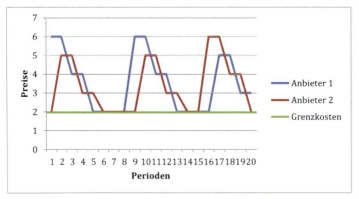

Abb. 4: zyklische Preisentwicklung im Ursprungsmodell von Maskin/ Tirole [80]

---

[76] Vgl. Bester (2010, 111).
[77] Vgl. Bester (2010, 111).
[78] Vgl. Pfähler/ Wiese (2008, 78).
[79] Vgl. Maskin/ Tirole (1988, 592).
[80] Angelehnt an: Bundeskartellamt, Bericht zur Sektoruntersuchung Kraftstoffe, Abschlussbericht (2011, 119).

Eine wesentliche Weiterentwicklung des Duopolmodells auf drei Anbieter (Triopol) und damit eine Annäherung an die fünf Anbieter im deutschen Kraftstoffmarkt erfolgt durch Noel (2008). Die Anbieter setzen ebenfalls wie im Modell von Maskin/ Tirole ihre Preise sequentiell, wobei die Nachfrage auf den günstigeren Anbieter entfällt. Edgeworth-Preiszyklen sind weiterhin das Ergebnis im Gleichgewicht.[81] Aber nicht auf jede Preiserhöhung durch einen Anbieter erfolgt eine Reaktion eines Konkurrenten, ein sogenannter Fehlstart (*false start*) ist möglich. Es treten häufiger starke zeitliche Verzögerungen auf. Bei einem Fehlstart nimmt der Preisführer seine eigene Preiserhöhung zurück. Eine initiierte Preiserhöhungsrunde scheitert. Dies resultiert daraus, dass nach einer Preiserhöhung zwei Anbieter sich am Tiefpunkt (Preis = Grenzkosten) eines Preiszyklus befinden. Für beide Anbieter wäre ein höheres Preisniveau vorteilhaft, wobei eine erste Preiserhöhung durch den anderen Anbieter stets das bessere Marktergebnis für den anderen Anbieter liefert.[82]

Dies führt zu einem strategischen Koordinationsproblem im Modell von Noel.[83] Preiserhöhungen sind damit für den ersten Anbieter mit höherem Risiko verbunden und treten dementsprechend weniger häufig auf. Das Problem der Übernahme der Preisführerschaft durch einen Anbieter erschwert eine Preiskollusion.

Eine wesentliche Erkenntnis in der Modellerweiterung von Noel ist, dass das Modell der Edgeworth-Zyklen bei einzelnen Variationen und Erweiterungen der Grundannahmen sehr robust ist.[84]
Diese Modelle lassen sich jedoch nicht exakt auf den deutschen Kraftstoffmarkt übertragen, identifizieren jedoch klar das Prinzip der Preiserhöhungsrunden durch Initiatoren und die Überwindung des Koordinationproblems durch die deutschen Kraftstoffanbieter. Wichtigstes Resultat der Studie von Maskin und Tirole ist, dass ihr Modell als ein Modell der impliziten Koordinierung und keinesfalls als Modell reinen Wettbewerbs interpretiert werden kann.

---

[81] Vgl. Noel (2008, 370f).
[82] Vgl. Noel (2008, 373f).
[83] Vgl. Noel (2008, 374).
[84] Vgl. Noel (2008, 375).

2.4 Stabilität der Kollusion durch Bestrafungsmechanismen

Die vertraglichen Verflechtungen der Oligopolisten auf den unterschiedlichsten Einzelmärkten (Raffinierung, Lagerung, Transport, Distribution, etc.) ermöglichen eine Stabilität der impliziten Koordinierung. Durch Bestrafungsmechanismen besteht die Möglichkeit nicht-kooperatives Verhalten in dynamischen Oligopol Modellen zu bestrafen und Kollusion zu stabilisieren.[85]
Die Möglichkeit für Aral oder Shell in regionalen Märkten starke Preissenkungen als Sanktionen im Sinne eines lokalen, punktuellen Preiskrieges durchzuführen, um potentiell abweichendes Verhalten der Oligopolmitglieder zu bestrafen, ist ein solcher funktionierender Mechanismus. Die fortlaufenden Preisbeobachtungen durch Tankstellenagenten und ihre Meldungen an zentrale Pricingbehörden ermöglichen ein schnelles Reagieren auf Preisänderungen innerhalb des flächendeckend agierenden Oligopols.[86]

Laut Bundeskartellamt senken Oligopolmitglieder ihre Preise fast ausschließlich an einzelnen Tankstellen, an denen Preiserhöhungen durch die anderen Kraftstoffanbieter im Zuge einer Preiserhöhungsrunde nicht vorgenommen wurden.[87] Preissenkungen erfolgen jedoch auch um Wettbewerber am Markt zu verdrängen.
Diese Verdrängungspreise erfolgen in der Praxis durch gem. §20 GWB verbotenen Preisscherenverkäufen und Untereinstandspreisverkäufen.

2.4.1 Untereinstandspreisverkäufe

Bei Untereinstandspreisverkäufen vertreibt ein Kraftstoffanbieter seinen Kraftstoff an Endkunden zu einem Preis der unterhalb seines Einstandspreises liegt.[88]
Die Untereinstandspreisverkäufe führen zu negativen Effekten auf Seiten der kleinen Kraftstoffhändler. Wenn Preise am Markt gefordert werden, die nicht alle anfallenden Kosten decken, erwirtschaften kleine Unternehmen, die nicht genügend Rücklagen zum Ausgleich der Umsatzeinbußen besitzen, einen Verlust.

---

[85] Vgl. Reiber (2009, 86).
[86] Vgl. im Internet: MWV-Broschüre: Preisbildung an Tankstellen (2006, 38).
[87] Vgl. im Internet: Bundeskartellamt, Bericht zur Sektoruntersuchung Kraftstoffe, Abschlussbericht (2011, 63).
[88] Vgl. im Internet: Bundeskartellamt, Bericht zur Sektoruntersuchung Kraftstoffe, Abschlussbericht (2011, 26).

Um diese drohenden Verluste auszugleichen benötigen die kleinen Kraftstoffhändler entsprechende Kapitalreserven.[89] Besitzen diese nicht genügend Kapital werden sie langfristig vom Kraftstoffmarkt verdrängt. Dies führt zu einer geringeren Wettbewerbsintensität, die wiederum die Marktmacht der Oligopolisten vergrößert.

Werden Verdrängungspreise in Form von Untereinstandspreisverkäufen als Sanktionsmechanismus durch die Oligopolisten eingesetzt, um von der Kollusion abweichendes Verhalten zu bestrafen, spielt der sogenannte Reputationseffekt eine tragende Rolle.[90] Dies bedeutet, dass die Oligopolisten nicht gezwungen sind, in überregionalem Umfang zur Preiskrieg-Strategie zu greifen, denn die Befürchtung in anderen Märkten eines Preiskampfes ausgesetzt zu sein, führt bereits zur Disziplinierung und Stabilität im Oligopol. Drastische Preissenkungen im Sinne von Untereinstandspreisverkäufen werden lediglich punktuell zur Sanktionierung durchgeführt. Ein überregionaler Preiskrieg an den Tankstellen der Oligopolisten findet nicht statt.

2.4.2 Preisscherenverkäufe

Bei Preisscherenverkäufen gem. §20 Abs. 4 Satz 2 Nr. 3 GWB bietet ein Mineralölkonzern seinen Kraftstoff an Endkunden zu einem günstigeren Preis an, als er von einem Konkurrenten beim Kraftstoffeinkauf fordert. Hierbei muss ein Macht-, Wettbewerbs- und Lieferverhältnis zwischen dem vertikal integrierten Mineralölunternehmen und dem freien Händler gegeben sein.[91]

Eine weitere Voraussetzung die ein Preisscherenverkauf erfordert, ist die Bestimmung des Preisverhältnisses von Vorlieferpreisen (Brutto-Raffineriepreis zzgl. Frachtkosten) zu Tankstellenpreisen (Brutto-Tankstellenpreis) und deren Vergleichbarkeit.

Der Brutto-Raffineriepreis setzt sich zusammen aus Netto-Raffineriepreis plus Energiesteuer (für Ottokraftstoffe 65,45 Eurocent/Liter, für Dieselkraftstoffe 47,04 Eurocent/Liter) der Erdölbevorratungsabgabe (für Ottokraftstoffe 0,46 Eurocent/Liter, für Dieselkraftstoffe 0,39 Eurocent/Liter) und der Umsatzsteuer (19%).[92]

---

[89] Vgl. im Internet: Bundeskartellamt, Bericht zur Sektoruntersuchung Kraftstoffe, Abschlussbericht (2011, 143).
[90] Vgl. im Internet: Bundeskartellamt, Bericht zur Sektoruntersuchung Kraftstoffe, Abschlussbericht (2011, 143).
[91] Vgl. im Internet: Bundeskartellamt, Bericht zur Sektoruntersuchung Kraftstoffe, Abschlussbericht (2011, 146).
[92] Vgl. im Internet: Bundeskartellamt, Bericht zur Sektoruntersuchung Kraftstoffe, Abschlussbericht (2011, 150).

Sind diese ermittelten Brutto-Raffineriepreise zzgl. Frachtkosten im Vergleich temporär höher, als der Brutto-Tankstellenpreis abzüglich möglicher gewährter Rabatte, liegt eine verbotene Preisschere vor, die als Verdrängungs-, bzw. Sanktionierungsmechanismus zur Stabilisierung der Preiskollusion gewertet werden kann.

3. Ökonomische Konsequenzen der Wettbewerbssituation

Die Problematik der impliziten Kollusion durch die Oligopolisten und die Möglichkeit der starken Disziplinierung im Oligopol, zur langfristigen Realisierung von Kraftstoffpreisen oberhalb der langfristigen Durchschnittskosten verlangt eine nähere Betrachtung der Preissituation aus ökonomischen und wohlfahrtsanalytischen Gesichtspunkten.

Bei konstant angenommen Grenzkosten und fallenden Durchschnittskosten der homogenen Kraftstoffprodukte der Kraftstoffanbieter bei zusätzlicher Preissignalisierung und Übernahme der Preisführerschaft durch ein Unternehmen, kann ein Preiskollusionspunkt außerhalb der jeweiligen Preis-Reaktionskurven im Preiswettbewerb der Unternehmen erzielt werden. Die volkswirtschaftlichen Konsequenzen dieser Preiskollusion sollen im folgenden Abschnitt näher betrachtet werden.

3.1 Konsequenzen der interdependenten Preisentscheidungen der Oligopolisten

Die Preis-Reaktionskurven in Abb.5. $P_1(P_2)$ und $P_2(P_1)$ drücken allgemein die optimale Reaktion der Preiswahl eines Unternehmens 1 (BP/ Aral) in Abhängigkeit der gegebenen Preissetzung eines Unternehmens 2 (Shell) aus und umgekehrt.
Das sich ergebende Bertrand-Nash-Gleichgewicht bei $P1 = P2 = MC$ führt zur bekannten Nullgewinnbedingung im Bertrand Preiswettbewerb und ist das sich potentiell ergebende Preis-Gleichgewicht bei vollkommener Konkurrenz.[93]

---

[93] Vgl. Pfähler/ Wiese (2008, 78).

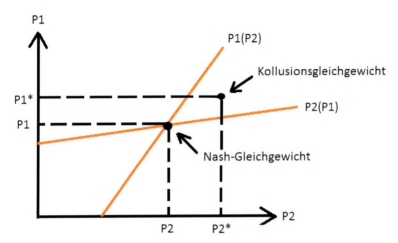

Abb.5: Preis-Reaktionsdiagramm bei kollusivem Verhalten [94]

Aus diesem Diagramm lässt sich ableiten, dass bei gleichgerichtetem kollusivem Verhalten der beiden Anbieter Aral und Shell bei Parallelverhalten im Kollusionspunkt P1*/P2* höhere Kraftstoffpreise am Markt realisiert werden. Die Oligopolisten erwirtschaften dadurch im Vergleich zum Gleichgewicht in P1/P2 (bei geringer Preiselastizität der Nachfrage) höhere, positive Kollusionsgewinne.[95] Im Extremfall bei perfekter Kollusion, Monopolgewinne.

Jedoch birgt der Kollusionspunkt für jedes Unternehmen einen Anreiz zum Abweichen aus der Kollusion auf die eigene Preis-Reaktionskurve, die ja die gewinn-optimale Reaktion bei Aktion des Konkurrenten ausdrückt, um seinen eigenen Gewinn zu maximieren.[96]

Dieses Abweichen vom Kollusionspunkt kann aber in den Folgeperioden von dem anderen Anbieter durch die Möglichkeit zur Sanktionierung, wie in 2.4. erläutert, bestraft werden.

Dieses Abweichen vom Kollusionsgleichgewicht ist bei angenommenem, unendlichem Planungshorizont, durch die Möglichkeit abweichendes Verhalten in der Folgeperiode durch das andere Unternehmen zu bestrafen, langfristig nicht gewinnmaximal.

Die Kollusion ist damit in langfristigem Zeitraum für die Oligopolisten, wie im Kraftstoffmarkt vorliegend ein stabiles Gleichgewicht.

---

[94] Angelehnt an: Pindyck/ Rubinfeld (2009, 594).
[95] Vgl. Pindyck/ Rubinfeld (2009, 597).
[96] Vgl. Pindyck/ Rubinfeld (2009, 598).

Diese Preiskollusion ist jedoch aus wohlfahrtsanalytischer Sicht gegenüber der Situation bei vollkommener Konkurrenz ökonomisch kein erstrebenswerter Zustand.

Im Folgenden soll mittels einer Wohlfahrtsanalyse durch ein Partialmarktdiagramm der Nachteil der Preiskollusion des fünfer Oligopols auf die volkswirtschaftliche Wohlfahrt untersucht werden.

3.2 Partialmarktanalyse im Kraftstoffmarkt

Im Preis- Mengendiagramm im Partialmarkt im deutschen Kraftstoffsektor treffen wir zur Vereinfachung die Annahme gleicher, konstanter Grenzkosten (GK), identische Technologiefunktionen aller fünf Anbieter mit fallenden Durchschnittskosten (DK), die eine identische konstante Nachfragekurve (d) bedienen.

Da die Preiskollusion der fünf Oligopolisten am Markt zu einem Preis oberhalb ihrer langfristigen Durchschnittskosten führt, wird ein Preis-Mengenpaar zwischen Monopolpreis (P^M) und Preissituation bei vollkommener Konkurrenz erreicht.
Dies geschieht aber nur, da Marktunvollkommenheiten (Marktmacht kleiner Wettbewerber etc.) den absoluten Monopolpreis = Kartellpreis verhindern.

Im Extremfall wird durch eine Preiskollusion die Gewinnsituation im klassischen Monopolfall mit entsprechendem volkswirtschaftlichem Wohlfahrtsverlust erreicht.[97]
In diesem Fall verhalten sich Anbieter so, als wären sie nur ein Unternehmen und erreichen damit den Monopolgewinn, bei sich einstellendem Monopolpreis P^M und entsprechender Aufteilung der Monopolmenge X^M.[98]

Da durch weitere kleine Anbieter im Kraftstoffmarkt (BfT etc.) und Einschränkungen in der Informationssymmetrie, Marktkoordinierung und wettbewerbliche Verzerrungen vorliegen, realisiert sich ein Marktergebnis der Kollusion (P^K, X^K, π^K) unterhalb des Monopolfalles.

---

[97] Vgl. Bester (2010, 32).
[98] Vgl. Kantzenbach/ Kruse (1989, 28).

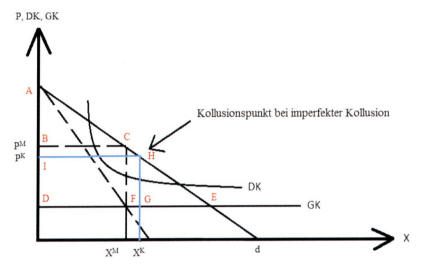

Abb 6: Preis-Mengendiagramm bei imperfekter Kollusion der Oligopolisten

Die maximal mögliche Wohlfahrt (W) ergibt sich bei vollkommener Konkurrenz (P = GK) aus der Summe von Konsumentenrente (KR) und Produzentenrente (PR), die wohlfahrtsoptimal ist.[99]

In Abb. 6 bildet die Summe von KR und PR bei vollkommener Konkurrenz die Fläche des Dreiecks ADE.

Im Monopolfall existiert ein Wohlfahrtsverlust[100] („*Deadweight loss*" (DWL)) im Ausmaß der Fläche des Dreiecks CFE und eine KR in Höhe von ABC und einer PR mit der Fläche des Vierecks BCFD.

Da im Kraftstoffmarkt eine imperfekte Kollusion vorliegt, ist der am Markt realisierte Kraftstoffpreis bei Parallelverhalten $P^K < P^M$ kleiner dem potentiellen Monopolpreis. Bei Kollusion resultieren eine KR des Dreiecks mit der Fläche AHI und eine PR in Höhe von IHGD.

Der Wohlfahrtsverlust HEG bei imperfekter Kollusion gilt als Marktunvollkommenheit und ist im Kraftstoffmarkt geringer, als wenn lediglich ein Unternehmen als Monopolist im Kraftstoffmarkt tätig wäre.

---

[99] Vgl. Bester (2010, 11f).
[100] Vgl. Bester (2010, 28).

Es gilt somit bei imperfekter Kollusion die einfache Gleichung: $DWL^K < DWL^M$. Dieser im Kraftstoffmarkt auftretender negativer Wohlfahrtsverlust ist eine Marktunvollkommenheit, die durch wettbewerbspolitische Instrumente beseitigt bzw. verringert werden soll.

4. Wettbewerbspolitische und kartellrechtliche Eingriffsmöglichkeiten

Aus wettbewerbspolitischer Perspektive ist auf dem deutschen Kraftstoffmarkt ein möglichst geringer Wohlfahrtsverlust optimal. Die First-Best Lösung bei vollkommener Konkurrenz lässt sich jedoch aufgrund der Fixkosten der Kraftstoffanbieter nicht erreichen. Erstrebenswert ist im Gegensatz zur Preiskollusion, die Second-Best Lösung (P = DK).

Zur Verbesserung des Wettbewerbes und der Preissituation im deutschen Kraftstoffmarkt sind horizontale und vertikale Entflechtungen der großen oligopolistischen Mineralölkonzerne durch Eingriffe des Bundeskartellamtes denkbar.[101] Ein weiterer Eingriff in die Gesamtheit und Ausgestaltung der Markenpartner- und Markenhändlerverträge zur Verringerung der Marktabschottung durch die Oligopolisten ist ebenfalls möglich.[102] Eine Preisregulierung im Sinne einer Preisniveauregulierung („*Price-Cap*"-Regulierung)[103] ist potentiell denkbar, aber in der Realität im Kraftstoffsektor flächendeckend nicht durchsetzbar (wünschenswert). Im Folgenden werden wettbewerbspolitische Eingriffsmöglichkeiten aufgezeigt und an zwei bekannten Regulierungsmaßnahmen in Österreich und in West-Australien erläutert.

4.1 Horizontale und vertikale Entflechtung

Die auf dem deutschen Kraftstoffmarkt vorherrschende, marktbeherrschende Stellung der Oligopolisten und ihrem Preisbeobachtungssystem wird mit kartellrechtlichen Instrumentarien schwer zu beheben sein. Lediglich ihr Verhalten kann durch die kartellrechtliche Missbrauchsaufsicht auf vorgelagerten Produktionsstufen eingeschränkt werden.

---

[101] Vgl. im Internet: Bundeskartellamt, Hintergrundpapier, Arbeitskreis Kartellrecht (2011, 14f).
[102] Vgl. im Internet: Bundeskartellamt, Bericht zur Sektoruntersuchung Kraftstoffe, Abschlussbericht (2011, 189).
[103] Vgl. Knieps/ Brunekreeft (2003, 54f).

Hiermit kann nur die Wettbewerbsfähigkeit kleinerer und mittlerer Tankstellen etwas gestärkt werden.[104] Es können jedoch für die Oligopolisten keine Anreize zur Intensivierung des Preiswettbewerbes durch ihre flächendeckenden Interdependenzen auf allen vertikalen Produktionsstufen geschaffen werden. Sehr stringente Instrumentarien zum Eingriff in die Marktstruktur, im Gegensatz zur in 4.2 vorgestellten Preisregulierung sind, die Möglichkeiten der horizontalen und vertikalen Entflechtung.[105]

Bei entsprechend geschaffener Rechtsgrundlage ist es möglich horizontal auf Ebene der Raffineriekapazitäten, bzw. des Tankstellennetzes zu entflechten. Dies bedeutet konkret die großen Oligopolisten BP, Shell, etc. müssten Teile ihres Tankstellennetzes an freie Tankstellenbetreiber abgeben. Dies hätte sowohl eine wettbewerbsfördernde, als auch eine Marktmacht entschärfende Wirkung. Jedoch ist zu bedenken, dass durch die Abgabe einzelner Tankstellen Effizienzverluste im Sinne von verlorenen *economies auf scale*, oder *economies of scope* auftreten können.[106]

Durch einen entflechtenden Eingriff auf der Marktstufe der Raffineriekapazitäten, sprich einen Eingriff in die Beschaffenheit und Ausgestaltung der Markenpartner- und Markenhändlerverträge und die damit einhergehende Verringerung der strikten Dependenz, der nicht-vertikal integrierten Mineralölgesellschaften von den vertikal integrierten Mineralölkonzernen, kann eine Verbesserung des Kraftstoff Vertriebsnetzes der freien Tankstellen geschaffen werden. Eine wettbewerbspolitische Grundlage für einen Eingriff dieser Härte in die Vertragsfreiheit ist wettbewerbspolitisch noch nicht gegeben.

Eine weitere Möglichkeit zur Entflechtung sind stringentere Auflagen bei Tankstellenzukäufen für die Oligopolisten, die ihre Marktmacht oder ihre Möglichkeit zur Marktabschottung weiter erhöhen. Beispielsweise die Abgabe einer bestehenden Tankstelle bei Zukauf einer neuen kann eine solche stringente Auflage sein. Eine vertikale Entflechtung ist tendenziell auf jeder Stufe ihrer Wertschöpfung möglich.

---

[104] Vgl. im Internet: Bundeskartellamt, Hintergrundpapier, Arbeitskreis Kartellrecht (2011, 13).
[105] Vgl. im Internet: Bundeskartellamt, Hintergrundpapier, Arbeitskreis Kartellrecht (2011, 14).
[106] Vgl. im Internet: Bundeskartellamt, Hintergrundpapier, Arbeitskreis Kartellrecht (2011, 15).

Beim Zugang bzw. der Trennung von Raffineriekapazitäten, sowie der Lagerung, als auch der Transport und der kraftstoffveredelnde Teil der Raffinierung könnte auf unterschiedliche Arten entflechtet werden.[107]

Das Bundeskartellamt legt in ihrem Abschlussbericht Sektoruntersuchung Kraftstoffe und ihrem Hintergrundpapier nahe, dass die Chancen zu solch drastischen Eingriffen in die Marktstruktur sehr gering sind.[108]

4.2 Preisregulierung

Eine weitere Möglichkeit des Eingriffs in die Marktstruktur der deutschen Kraftstoffanbieter ist eine Regulierung des Wettbewerbsparameters Kraftstoffpreis im Sinne einer möglichen renditeorientierten Preisregulierung (*rate of return-regulation*), oder einer Preisobergrenzenregulierung (*Price cap-regulation*).[109] In der einfachsten Form der Preisregulierung, der sogenannten *cost plus-regulation* wird den Oligopolisten ein festgelegter Aufschlag auf die Produktionskosten gewährt. Jedoch liegt hier ein enormer Informationsbedarf über die Kostenstrukturen der Kraftstoffanbieter seitens der staatlichen Kontrollinstanz vor, sodass ein Einsatz der *cost plus-regulation* im deutschen Kraftstoffmarkt nicht praktikabel sein wird. Die Anbieter haben desweiteren dadurch keinen Anreiz zur effektiven Kraftstoffproduktion. Dies führt zu allokativen Verzerrungen, die weiteren staatlichen Eingriff erforderlich machen.[110]

Bei einer renditeorientierten Regulierung gewährt man den Oligopolisten eine faire Verzinsung ihres eingesetzten Kapitals in Höhe eines festgelegten Verzinsungsfaktors. Notwendig hierfür sind exakte Informationen über das eingesetzte Kapital. Durch die daraus resultierende, garantierte Mindestrendite kommt es zu Verzerrungen bei Einsatz der Produktionsfaktoren.

Die Produktion der Kraftstoffe würde kapitalintensiver durchgeführt werden als notwendig. Ein ineffizientes Faktoreinsatzverhältnis stellt sich ein.[111]

---

[107] Vgl. im Internet: Bundeskartellamt, Hintergrundpapier, Arbeitskreis Kartellrecht (2011, 15).
[108] Vgl. im Internet: Bundeskartellamt, Hintergrundpapier, Arbeitskreis Kartellrecht (2011, 15).
[109] Vgl. Klump (2011, 84).
[110] Vgl. Klump (2011, 84).
[111] Vgl. Weimann (2006, 361).

Bei einer Preisniveauregulierung im Sinne einer Price-Cap Regulierung orientiert man sich nicht an einzelnen Informationen der Unternehmen, sondern an dem leicht zu beobachtbaren Wettbewerbsparameter, dem Preis. Diese Form der Regulierung bietet einen besonderen Anreiz zur kostensparenden Entwicklung auf Seiten der Anbieter.

Die Preis-Cap Regulierung setzt an allgemeinen Branchen-Trends der Gesamtwirtschaft, nicht an einzelnen Marktstruktur bedingenden Faktoren an.[112] Dies erfordert einen enormen Informationsbedarf über die gegenwärtige Preislage im Rohölmarkt, sowie auf vorgelagerten Produktions- und Distributionsstufen. Diese Informationssymmetrie ist durch die sich mehrmals täglich ändernden Kraftstoffpreise flächendeckend nicht zu gewährleisten. Im deutschen Kraftstoffmarkt kann die Preisniveauregulierung jedoch nicht eingesetzt werden, da dies einen zu weit reichenden Eingriff in das Marktgeschehen darstellt. Kostspielige Folgeinterventionen wären die Konsequenz.[113]

Eine Price-Cap Regulierung behandelt lediglich die Symptomatik, nicht jedoch die Ursache der zu hohen Kraftstoffpreise, die marktbeherrschende Stellung der Oligopolisten und ihre Verflechtungen auf vertikaler Ebene. Sie ist für den deutschen Kraftstoffmarkt abzulehnen.

4.2.1 Das Österreichische Modell der Preisregulierung

Nicht nur in Deutschland, sondern international stehen die Kraftstoffe, ihre Anbieter und ihre Preise im Zentrum einer breiten, öffentlichen und politischen Aufmerksamkeit.[114] Wettbewerbspolitische, regulierende Eingriffe in die Preisbildung der Kraftstoffanbieter erfolgen jedoch nur in vereinzelten Ländern, wie beispielsweise in Österreich oder West-Australien. In Österreich gelten seit Beginn des Jahres 2011 gesetzliche Vorgaben zur Preisänderung im Kraftstoffmarkt. Die in Österreich aktuell geltende Spritpreis-Verordnung schreibt Tankstellenbetreibern gesetzlich vor, Preiserhöhungen nur einmal täglich exakt um 12:00 Uhr mittags vornehmen zu dürfen. Preissenkungen hingegen sind jederzeit möglich.[115] Zuvor galt für den Zeitpunkt der Preisauszeichnung die 190. Verordnung des Bundesministers für Wirtschaft.

---

[112] Vgl. Klump (2011, 84).
[113] Vgl. Klump (2011, 85).
[114] Vgl. im Internet: OECD Competition Policy Roundtable (2008, 18).
[115] Vgl. im Internet: Bundesgesetzblatt für die Republik Österreich, 484. Verordnung (2010, 1f).

Diese schrieb vor, dass Preiserhöhungen nur zu Beginn jedes neuen Betriebstages bei Öffnung der Tankstelle vorgenommen werden durften.[116]
Ebenfalls sollen in Zukunft Preiserhöhungen durch die Tankstellenbetreiber innerhalb gesetzter, gesetzlicher Fristen, an eine von der österreichischen Regulierungsbehörde „E-Control", geführten Datenbank gemeldet werden.
Dabei sollen die günstigsten Kraftstoffpreise durch Preisabfragen von Kraftstoffnachfragern innerhalb eines abgrenzbaren Standortes ermöglicht werden.[117] Dies verbessert den Informationsnachteil der Nachfrager gegenüber den Anbietern.

4.2.2 Das West-Australische Modell

In West-Australien wurde 2001 das „FuelWatch"-Programm eingeführt. Es wurde aus gleichen regulierungstheoretischen Gedanken entwickelt, wie das Konzept in Österreich.[118]
In der geltenden „24-Hour Rule" sind die Tankstellenanbieter aufgefordert dem Handelsministerium ihre Preissetzung einen Tag im Voraus bis 14 Uhr zu melden und ab 6 Uhr des Folgetages in Kraft treten zu lassen. Diese Preise gelten dann für volle 24 Stunden und dürfen in diesem Zeitrahmen nicht verändert werden.[119] Ebenfalls, wie im österreichischen Modell werden die gemeldeten Preise vom Handelsministerium in einer Datenbank erfasst und den Verbrauchen zugänglich gemacht.[120]

4.2.3 Übertragbarkeit der Modelle auf Deutschland

Aufgrund der unterschiedlichen Marktstrukturen in den Ländern, kann nicht angenommen werden, dass beide Modelle sich problemlos auf Deutschland übertragen lassen. Vielmehr stellt sich die Frage, ob sich durch die beiden Modelle in den jeweiligen Ländern das Preisniveau der Kraftstoffpreise dadurch signifikant gesenkt hat. Desweiteren ist festzustellen, dass die Datenbanken in denen die Preise staatlich erfasst werden, eine starke

---

[116] Vgl. im Internet: Bundeskartellamt, Bericht zur Sektoruntersuchung Kraftstoffe, Abschlussbericht (2011, 134).
[117] Vgl. im Internet: Bundeskartellamt, Bericht zur Sektoruntersuchung Kraftstoffe, Abschlussbericht (2011, 135).
[118] Vgl. im Internet: Bundeskartellamt, Bericht zur Sektoruntersuchung Kraftstoffe, Abschlussbericht (2011, 135).
[119] Vgl. im Internet: Bundeskartellamt, Hintergrundpapier, Arbeitskreis Kartellrecht (2011, 14).
[120] Vgl. im Internet: Bundeskartellamt, Bericht zur Sektoruntersuchung Kraftstoffe, Abschlussbericht (2011, 135).

bzw. noch stärkere Markttransparenz hervorrufen, [121] die eine Koordinierung der deutschen Oligopolisten noch erleichtern würde. Ebenfalls ist zu beachten, dass die sich ergebenden Preiszyklen nicht zwangsweise dadurch unterbrochen werden, sondern lediglich zeitlichen Verzögerungen unterliegen. Gegenwärtig fehlen zur Bestimmung der Übertragbarkeit der Modelle noch ausreichende empirische Daten und Studien auf die sich bei einer potentiellen Einführung gestützt werden könnte.

5. Zusammenfassung

Abschließend lässt sich festhalten, dass durch das flächendeckende Tankstellennetz der fünf Oligopolisten, ihrer vertikalen Verflechtung, der hohen Markttransparenz, ihrem Preisbeobachtungssystem und der Produkthomogenität der Kraftstoffe eine Verbesserung der Marktstruktur auf dem deutschen Kraftstoffmarkt in naher Zukunft nicht eintreten wird.
Da kollusives Parallelverhalten und keine gesetzeswidrigen Preisabsprachen der Mineralölkonzerne vorliegen, sieht das Bundeskartellamt gegenwärtig keine rechtfertigende Grundlage für massiven Eingriff durch Preisregulierung in die Marktstruktur des Tankstellengeschäftes.
Durch die Veröffentlichung des Abschlussberichtes der Sektoruntersuchung Kraftstoffe und der Analyse der Preissetzung und den resultierenden Preiszyklen hat das Bundeskartellamt einen wichtigen Schritt zur Verbesserung der Transparenz und des Informationsnachteils der Nachfrager gegenüber den Mineralölkonzernen geschaffen.

---

[121] Vgl. im Internet: Bundeskartellamt, Bericht zur Sektoruntersuchung Kraftstoffe, Abschlussbericht (2011, 136).

Gesetzesverzeichnis

Bürgerliches Gesetzbuch (BGB) in der Fassung der Bekanntmachung vom 2. Januar 2002 (BGBl. I S. 42, 2909; 2003 I S. 738), das zuletzt durch Artikel 1 des Gesetzes vom 29. Juni 2011 (BGBl. I S. 1306) geändert worden ist.

Gesetz gegen Wettbewerbsbeschränkungen (GWB) in der Fassung der Bekanntmachung vom 15.07.2005 (BGBl. I 2114; 2009 I 3850), zuletzt geändert durch Art. 13 Abs. 21 des Gesetzes v. 25.05.2009 (BGBl. I 1102).

Vertrag über die Arbeitsweise der Europäischen Union (AEUV) in der Fassung des Amsterdamer Vertrags vom 02.10.1997 (BGBl. 1998 II 386, 465, ber. 1999 II 416), zuletzt geändert durch den Vertrag von Lissabon v. 13.12.2007 (Konsolidierte Fassung ABl. 2010 C 83, S. 47).

Preisangabenverordnung (PAngV) in der Fassung der Bekanntmachung vom. 18.10.2002 (BGBl. I 4197), zuletzt geändert durch Art. 4 des Gesetzes v. 24.07.2010 (BGBl. I 977).

Literaturverzeichnis

Bester, H. (2010) Theorie der Industrieökonomik, 5. Aufl., Berlin u.a.: Springer, 32-111.

Erdmann, G., Zweifel, P. (2008) Energieökonomik: Theorie und Anwendungen, Berlin u.a: Springer, 103f.

Grüner, H.-P. (2008) Wirtschaftspolitik, 3. Aufl., Berlin u.a: Springer, 169.

Hahn, A. (2003) Oligopolistische Marktbeherrschung in der Europäischen Fusionskontrolle, Schriften zum Wirtschaftsrecht, Bd. 156, Diss., Berlin, 2001: Duncker und Humblot, 232-242.

Hardes, H.-D., Uhly A. (2007) Grundzüge der Volkswirtschaftslehre, 9. Aufl., München: Oldenbourg, 236.

Kantzenbach, E., Kruse, J. (1989) Kollektive Marktbeherrschung, Wirtschaftspolitische Studien, Heft 75, Göttingen: Vandenhoeck und Ruprecht, 8-32.

Kleinewefers, H. (2008) Einführung in die Wohlfahrtsökonomie: Theorie, Anwendung, Kritik, Stuttgart: Kohlhammer, 148.

Klump, R. (2011) Wirtschaftspolitik: Instrumente, Ziele und Institutionen, 2. Aufl., Deutschland: Pearson Studium, 84f.

Krause, J. (2003) Oligopole im deutschen Recht- Die Oligopolvermutung, Norderstedt: Grin, 17f.

Knieps, G. (2008) Wettbewerbsökonomie: Regulierungstheorie, Industrieökonomik, Wettbewerbspolitik, 3. Aufl., Berlin u.a.: Springer, 15-51.

Knieps, G., Brunekreeft, G. (2003) Zwischen Regulierung und Wettbewerb, 2. Aufl., Heidelberg: Physica, 54.

Maskin, E., Tirole, J. (1988) A Theory of Dynamic Oligopoly II: Price Competition, Kinked Demand Curves and Edgeworth Cycles, Vol. 56, No.3, Journal of the Econometric Society, 571-592.

Noel, M. (2008) Edgeworth Cycles and Focal Prices: Computational Dynamic Markov Equilibria, Vol. 17, No. 2, Journal of Economics and Management Strategy, 370-375.

Ott, A.E. (1997) Grundzüge der Preistheorie, 3. Aufl., Göttingen: Vandenhoeck und Ruprecht, 219-221.

Pfähler, W., Wiese, H. (2008) Unternehmensstrategien im Wettbewerb: Eine spieltheoretische Analyse, 3. Aufl., Berlin u.a.: Springer, 75-78.

Pindyck, R., Rubinfeld, D. (2009) Mikroökonomie, 7. Aufl., München: Pearson Education Germany GmbH, 594-598.

Reiber, O. (2009) Wettbewerbsverhalten der deutschen Mineralölindustrie im Kraftstoffeinzelhandel, insbesondere Preisverhalten, Bd.7, Diss., München, 2008: Internationaler Verlag der Wissenschaften, 86-114.

Scherer, F., Ross, D. (1990) Industrial market structure and economic Performance, 3. Aufl. Boston u.a.: Hougthon Miffin Company, 72.

Schmidt, I. (2005) Wettbewerbspolitik und Kartellrecht: eine interdisziplinäre Einführung, 8. Aufl, Stuttgart: Lucius & Lucious, 70.

Weimann, J. (2006) Wirtschaftspolitik: Allokation und kollektive Entscheidung, 4. Aufl., Berlin u.a.: Springer, 361.

Wildmann, L. (2010) Einführung in die Volkswirtschaftslehre, Mikroökonomie und Wettbewerbspolitik, Module der VWL, 2. Aufl., München: Oldenbourg, 135.

Verzeichnis der Internetquellen

Brennstoffspiegel: 14729 deutsche Tankstellen - Markt stabil vom 11.07.2011, http://www.brennstoffspiegel.de/tankstellen.html?newsid=10454&title=14.729+deutsche+Tankstellen+%26%238211%3B+Markt+stabil&start=
Aufgerufen am 20.11.2011.

Bundesgesetzblatt für die Republik Österreich, 484. Verordnung: Standesregeln für Tankstellenbetreiber über den Zeitpunkt der Preisauszeichnung für Treibstoffe bei Tankstellen vom 30.12.2010
http://www.wkw.at/docextern/sverkehr/fggaragen/wko_at/spritpreisverordnung_bgbl.pdf
Aufgerufen am 5.1.2012.

Bundeskartellamt, Hintergrundpapier, Arbeitskreis Kartellrecht vom 06.10.2011, http://www.bundeskartellamt.de/wDeutsch/download/pdf/Diskussionsbeitraege/Thesenpapier_Arbeitskreis_Kartellrecht_2011.pdf
Aufgerufen am 26.10.2011.

Bundeskartellamt, Sektoruntersuchung Kraftstoffe, Abschlussbericht Mai 2011, http://www.bundeskartellamt.de/wDeutsch/download/pdf/Stellungnahmen/2011-05-26_Abschlussbericht_final2.pdf
Aufgerufen am 03.11.2011.

Bundeskartellamt, Sektoruntersuchung Kraftstoffe, Zwischenbericht Juni 2009, http://www.bundeskartellamt.de/wDeutsch/download/pdf/2009-07-02%20Zwischenbericht_SU_Kraftstoffe.pdf
Aufgerufen am 2.11.2011.

Bundeskartellamt, Sitzung des Arbeitskreises Kartellrecht: Benzinpreise- Marktmacht, Preissetzung und Konsequenzen, 6.10.2011 (Präsentation von Sandro Gleave),
http://www.bundeskartellamt.de/wDeutsch/download/pdf/Diskussionsbeitraege/Praesentation_Gleave_Final.pdf
Aufgerufen am 7.11.2011.

MWV-Broschüre 2006, Preisbildung an Tankstellen,
http://www.mwv.de/upload/Publikationen/dateien/050_PreisbildungTS_5391wFTDpd3ZJjg.pdf
Aufgerufen am 10.12.2011.

Statista 2011, Marktanteil der Unternehmen auf dem Tankstellenmarkt in Deutschland Juli 2009,
http://de.statista.com/statistik/daten/studie/29987/umfrage/marktanteil-von-tankstellen-in-deutschland-in-2009/
Aufgerufen am 1.11.2011.

Überblick OECD Competition Policy Roundtable, Competition Policy for Vertical Relations in Gasoline Retailing, 2008,
http://www.oecd.org/dataoecd/1/22/43040511.pdf
Aufgerufen am 5.1.2012.